My Bilingual Picture Book

Min tvåspråkiga bilderbok

Sefa's most beautiful children's stories in one volume

Ulrich Renz • Barbara Brinkmann:

Sleep Tight, Little Wolf · Sov gott, lilla vargen

For ages 2 and up

Cornelia Haas • Ulrich Renz:

My Most Beautiful Dream · Min allra vackraste dröm

For ages 2 and up

Ulrich Renz • Marc Robitzky:

The Wild Swans · De vilda svanarna

Based on a fairy tale by Hans Christian Andersen

For ages 5 and up

© 2024 by Sefa Verlag Kirsten Bödeker, Lübeck, Germany. www.sefa-verlag.de

Special thanks to Paul Bödeker, Freiburg, Germany

All rights reserved.

ISBN: 9783756304462

Read · Listen · Understand

Sleep Tight, Little Wolf
Sov gott, lilla vargen

Ulrich Renz / Barbara Brinkmann

English — bilingual — Swedish

Translation:

Pete Savill (English)

Katrin Bienzle Arruda (Swedish)

Audiobook and video:

www.sefa-bilingual.com/bonus

Password for free access:

English: **LWEN1423**

Swedish: **LWSV2831**

Good night, Tim! We'll continue searching tomorrow.
Now sleep tight!

God natt, Tim! Vi fortsätter att leta imorgon.
Sov nu så gott!

It is already dark outside.

Det är redan mörkt ute.

What is Tim doing?

Vad gör Tim där?

He is leaving for the playground.
What is he looking for there?

Han går ut till lekplatsen.
Vad är det han letar efter?

The little wolf!

He can't sleep without it.

Den lilla vargen!

Han kan inte sova utan den.

Who's this coming?

Vem är det nu som kommer?

Marie! She's looking for her ball.

Marie! Hon letar efter sin boll.

And what is Tobi looking for?

Och vad letar Tobi efter?

His digger.

Sin grävmaskin.

And what is Nala looking for?

Och vad letar Nala efter?

Her doll.

Sin docka.

Don't the children have to go to bed?
The cat is rather surprised.

Måste inte barnen gå och lägga sig?
Undrar katten.

Who's coming now?

Vem kommer nu?

Tim's mum and dad!
They can't sleep without their Tim.

Tims mamma och pappa!
Utan deras Tim kan de inte sova.

More of them are coming! Marie's dad.
Tobi's grandpa. And Nala's mum.

Och nu kommer ännu fler! Maries pappa.
Tobis morfar. Nalas mamma.

Now hurry to bed everyone!

Nu skyndar vi oss i säng!

Good night, Tim!

Tomorrow we won't have to search any longer.

God natt, Tim!

Imorgon behöver vi inte leta mer!

Sleep tight, little wolf!

Sov gott, lilla vargen!

Cornelia Haas • Ulrich Renz

My Most Beautiful Dream

Min allra vackraste dröm

Translation:

Sefâ Jesse Konuk Agnew (English)

Narona Thordsen (Swedish)

Audiobook and video:

www.sefa-bilingual.com/bonus

Password for free access:

English: **BDEN1423**

Swedish: **BDSV2831**

My Most Beautiful Dream
Min allra vackraste dröm

Cornelia Haas · Ulrich Renz

English — bilingual — Swedish

Lulu can't fall asleep. Everyone else is dreaming already – the shark, the elephant, the little mouse, the dragon, the kangaroo, the knight, the monkey, the pilot. And the lion cub. Even the bear has trouble keeping his eyes open …

Hey bear, will you take me along into your dream?

Lulu kan inte somna. Alla andra drömmer redan – hajen, elefanten, den lilla musen, draken, kängurun, riddaren, apan, piloten. Och lejonungen. Även björnen kan nästan inte hålla ögonen öppna … Du björn, kan du ta med mig in i din dröm?

And with that, Lulu finds herself in bear dreamland. The bear catches fish in Lake Tagayumi. And Lulu wonders, who could be living up there in the trees?

When the dream is over, Lulu wants to go on another adventure. Come along, let's visit the shark! What could he be dreaming?

Och med det så finner sig Lulu i björnarnas drömland. Björnen fångar fisk i Tagayumisjön. Och Lulu undrar, vem skulle kunna bo där uppe i träden? När drömmen är slut vill Lulu uppleva ännu mer. Följ med, vi hälsar på hajen! Vad kan han drömma om?

The shark plays tag with the fish. Finally he's got some friends! Nobody's afraid of his sharp teeth.

When the dream is over, Lulu wants to go on another adventure. Come along, let's visit the elephant! What could he be dreaming?

Hajen leker tafatt med fiskarna. Äntligen har han vänner! Ingen är rädd för hans spetsiga tänder.
När drömmen är slut vill Lulu uppleva ännu mer. Följ med, vi hälsar på elefanten! Vad kan han drömma om?

The elephant is as light as a feather and can fly! He's about to land on the celestial meadow.

When the dream is over, Lulu wants to go on another adventure. Come along, let's visit the little mouse! What could she be dreaming?

Elefanten är lika lätt som en fjäder och kan flyga! Snart landar han på den himmelska ängen.

När drömmen är slut vill Lulu uppleva ännu mer. Följ med, vi hälsar på den lilla musen! Vad kan hon drömma om?

The little mouse watches the fair. She likes the roller coaster best.
When the dream is over, Lulu wants to go on another adventure. Come along, let's visit the dragon! What could she be dreaming?

Den lilla musen är på ett tivoli. Mest gillar hon berg- och dalbanan. När drömmen är slut vill Lulu uppleva ännu mer. Följ med, vi hälsar på draken. Vad kan hon drömma om?

The dragon is thirsty from spitting fire. She'd like to drink up the whole lemonade lake.
When the dream is over, Lulu wants to go on another adventure. Come along, let's visit the kangaroo! What could she be dreaming?

Draken är törstig av att ha sprutat eld. Hon skulle vilja dricka upp hela sockerdrickasjön.

När drömmen är slut vill Lulu uppleva ännu mer. Följ med, vi hälsar på kängurun! Vad kan hon drömma om?

The kangaroo jumps around the candy factory and fills her pouch. Even more of the blue sweets! And more lollipops! And chocolate!
When the dream is over, Lulu wants to go on another adventure. Come along, let's visit the knight! What could he be dreaming?

Kängurun hoppar genom godisfabriken och stoppar sin pung full. Ännu fler av de blåa karamellerna! Och ännu fler klubbor! Och choklad!
När drömmen är slut vill Lulu uppleva ännu mer. Följ med, vi hälsar på riddaren. Vad kan han drömma om?

The knight is having a cake fight with his dream princess. Oops! The whipped cream cake has gone the wrong way!
When the dream is over, Lulu wants to go on another adventure. Come along, let's visit the monkey! What could he be dreaming?

Riddaren har tårtkrig med sin drömprinsessa. Oj! Gräddtårtan missar! När drömmen är slut vill Lulu uppleva ännu mer. Följ med, vi hälsar på apan! Vad kan han drömma om?

Snow has finally fallen in Monkeyland. The whole barrel of monkeys is beside itself and getting up to monkey business.

When the dream is over, Lulu wants to go on another adventure. Come along, let's visit the pilot! In which dream could he have landed?

Äntligen har det snöat i aplandet! Hela apgänget är helt uppspelta och gör rackartyg.

När drömmen är slut vill Lulu uppleva ännu mer. Följ med, vi hälsar på piloten! I vilken dröm kan han ha landat i?

The pilot flies on and on. To the ends of the earth, and even farther, right on up to the stars. No other pilot has ever managed that.
When the dream is over, everybody is very tired and doesn't feel like going on many adventures anymore. But they'd still like to visit the lion cub.
What could she be dreaming?

Piloten flyger och flyger. Ända till världens ände och ännu längre, ända till stjärnorna. Ingen pilot har någonsin klarat av detta tidigare.
När drömmen är slut så är alla väldigt trötta och känner inte för att uppleva mycket mer. Men lejonungen vill de fortfarande hälsa på. Vad kan hon drömma om?

The lion cub is homesick and wants to go back to the warm, cozy bed.
And so do the others.

And thus begins ...

Lejonungen har hemlängtan och vill tillbaka till sin varma mysiga säng.
Och de andra med.

Och där börjar ...

... Lulu's
most beautiful dream.

... Lulus
allra vackraste dröm.

Ulrich Renz • Marc Robitzky

The Wild Swans

De vilda svanarna

Translation:

Ludwig Blohm, Pete Savill (English)

Narona Thordsen (Swedish)

Audiobook and video:

www.sefa-bilingual.com/bonus

Password for free access:

English: **WSEN1423**

Swedish: **WSSV2831**

Ulrich Renz · Marc Robitzky

The Wild Swans

De vilda svanarna

Based on a fairy tale by

Hans Christian Andersen

+ audio
+ video

English — bilingual — Swedish

Once upon a time there were twelve royal children – eleven brothers and one older sister, Elisa. They lived happily in a beautiful castle.

Det var en gång tolv kungabarn—elva bröder och en storasyster, Elisa. De levde lyckliga i ett underbart vackert slott.

One day the mother died, and some time later the king married again. The new wife, however, was an evil witch. She turned the eleven princes into swans and sent them far away to a distant land beyond the large forest.

En dag dog modern, och efter en tid gifte sig kungen på nytt. Men den nya kvinnan var en elak häxa. Hon förtrollade de elva prinsarna så att de blev svanar och skickade dem långt bort till ett fjärran land bakom den stora skogen.

She dressed the girl in rags and smeared an ointment onto her face that turned her so ugly, that even her own father no longer recognized her and chased her out of the castle. Elisa ran into the dark forest.

Flickan klädde hon i trasor och smörjde in henne med en ful salva i ansiktet så att den egna fadern inte längre kände igen henne och jagade bort henne från slottet. Elisa sprang in i den mörka skogen.

Now she was all alone, and longed for her missing brothers from the depths of her soul. As the evening came, she made herself a bed of moss under the trees.

Nu var hon helt ensam och längtade efter hennes försvunna bröder med hela sitt hjärta. När det blev kväll bäddade hon en säng av mossa under träden.

The next morning she came to a calm lake and was shocked when she saw her reflection in it. But once she had washed, she was the most beautiful princess under the sun.

Nästa morgon kom hon fram till en lugn sjö och blev förskräckt när hon däri såg sin spegelbild. Men efter att hon hade tvättat sig var hon det vackraste kungabarnet på jorden.

After many days Elisa reached the great sea. Eleven swan feathers were bobbing on the waves.

Efter många dagar nådde Elisa det stora havet. På vågorna gungade elva svanfjädrar.

As the sun set, there was a swooshing noise in the air and eleven wild swans landed on the water. Elisa immediately recognized her enchanted brothers. They spoke swan language and because of this she could not understand them.

När solen gick ner hördes ett sus i luften och elva vilda svanar landade på vattnet. Elisa kände genast igen sina förtrollade bröder. Men för att dom talade svanspråket kunde hon inte förstå dem.

During the day the swans flew away, and at night the siblings snuggled up together in a cave.

One night Elisa had a strange dream: Her mother told her how she could release her brothers from the spell. She should knit shirts from stinging nettles and throw one over each of the swans. Until then, however, she was not allowed to speak a word, or else her brothers would die.
Elisa set to work immediately. Although her hands were burning as if they were on fire, she carried on knitting tirelessly.

På dagen flög svanarna bort, under natten kurade syskonen ihop sig i en grotta.

En natt hade Elisa en besynnerlig dröm: Hennes mor sade till henne hur hon kunde befria sina bröder. Av nässlor skulle hon sticka en skjorta för varje svan och dra den över den. Men tills dess får hon inte tala ett enda ord, annars måste hennes bröder dö.
Elisa började genast med arbetet. Trots att hennes händer sved som brända med eld stickade hon outtröttligt.

One day hunting horns sounded in the distance. A prince came riding along with his entourage and he soon stood in front of her. As they looked into each other's eyes, they fell in love.

En dag ljöd jakthorn i fjärran. En prins kom ridande med sitt följe och stod snart framför henne. När de såg in i varandras ögon blev de förälskade i varandra.

The prince lifted Elisa onto his horse and rode to his castle with her.

Prinsen lyfte upp Elisa på sin häst och red med henne till sitt slott.

The mighty treasurer was anything but pleased with the arrival of the silent beauty. His own daughter was meant to become the prince's bride.

Den mäktige skattmästaren var allt annat än glad över ankomsten av den stumma vackra. Hans egen dotter skulle bli prinsens brud.

Elisa had not forgotten her brothers. Every evening she continued working on the shirts. One night she went out to the cemetery to gather fresh nettles. While doing so she was secretly watched by the treasurer.

Elisa hade inte glömt sina bröder. Varje kväll fortsatte hon att arbeta med skjortona. En natt gick hon ut till kyrkogården för att hämta färska nässlor. Samtidigt blev hon hemligt iakttagen av skattmästaren.

As soon as the prince was away on a hunting trip, the treasurer had Elisa thrown into the dungeon. He claimed that she was a witch who met with other witches at night.

Så snart som prinsen var på en jaktutflykt lät skattmästaren slänga Elisa i fängelsehålan. Han hävdade att hon var en häxa som mötte andra häxor på natten.

At dawn, Elisa was fetched by the guards. She was going to be burned to death at the marketplace.

I gryningen blev Elisa hämtad av vakterna. Hon skulle brännas på torget.

No sooner had she arrived there, when suddenly eleven white swans came flying towards her. Elisa quickly threw a shirt over each of them. Shortly thereafter all her brothers stood before her in human form. Only the smallest, whose shirt had not been quite finished, still had a wing in place of one arm.

De hade knappast kommit fram när plötsligt elva vita svanar kom flygande. Snabbt drog Elisa en nässelskjorta över var och en. Snart stod alla hennes bröder framför henne som människofigurer. Bara den yngsta, vars skjorta inte hade blivit helt färdig, behöll en vinge istället för en arm.

The siblings' joyous hugging and kissing hadn't yet finished as the prince returned. At last Elisa could explain everything to him. The prince had the evil treasurer thrown into the dungeon. And after that the wedding was celebrated for seven days.

And they all lived happily ever after.

Syskonens kramande och pussande hade inte tagit slut än när prinsen kom tillbaka. Äntligen kunde Elisa förklara alltihopa. Prinsen lät den elake skattmästaren slängas i fängelsehålan. Och sedan firade de bröllop i sju dagar.

Och så levde de lyckliga i alla sina dagar.

Hans Christian Andersen

Hans Christian Andersen was born in the Danish city of Odense in 1805, and died in 1875 in Copenhagen. He gained world fame with his literary fairy-tales such as „The Little Mermaid", „The Emperor's New Clothes" and „The Ugly Duckling". The tale at hand, „The Wild Swans", was first published in 1838. It has been translated into more than one hundred languages and adapted for a wide range of media including theater, film and musical.

Barbara Brinkmann was born in Munich in 1969 and grew up in the foothills of the Bavarian Alps. She studied architecture in Munich and is currently a research associate in the Department of Architecture at the Technical University of Munich. She also works as a freelance graphic designer, illustrator, and author.

Cornelia Haas has been illustrating childrens' and adolescents' books since 2001. She was born near Augsburg, Germany, in 1972. She studied design at the Münster University of Applied Sciences and is currently a professor on the faculty of Münster University of Applied Sciences teaching illustration.

Marc Robitzky, born in 1973, studied at the Technical School of Art in Hamburg and the Academy of Visual Arts in Frankfurt. He works as a freelance illustrator and communication designer in Aschaffenburg (Germany).

Ulrich Renz was born in Stuttgart, Germany, in 1960. After studying French literature in Paris he graduated from medical school in Lübeck and worked as head of a scientific publishing company. He is now a writer of non-fiction books as well as children's fiction books.

Do you like drawing?

Here are the pictures from the story to color in:

www.sefa-bilingual.com/coloring

www.ingramcontent.com/pod-product-compliance
Lightning Source LLC
LaVergne TN
LVHW070448080526
838202LV00035B/2771